SAINT

FRANÇOIS DE SALES
ET LA VISITATION

Un Mot sur l'Association

qui a donné lieu aux sermons et conférences
de la neuvaine de saint François de Sales, dans la chapelle
des Religieuses de la Visitation

SOUSCRIPTION

proposée par

M. L'ABBÉ PINTAUD

POUR L'AGRANDISSEMENT DE CETTE CHAPELLE

LE MANS

IMPRIMERIE CHARLES MONNOYER

1854

Voir, pour la Souscription, page 70.

A M. L'ABBÉ PINTAUD,

Chanoine d'Angoulême, de Bordeaux, de Meaux, curé de Cognac.

MONSIEUR L'ABBÉ,

Vos éloquentes et chaleureuses prédications ne pouvaient manquer d'exercer une heureuse influence sur la *Neuvaine de saint François de Sales*. Elle en a reçu de nouveaux accroissements.

Vous avez eu la consolation de le constater vous-même, en voyant l'élite de notre société se presser en foule autour de votre chaire, avec tant de sympathie et de recueillement.

C'est alors que vous avez fait à cet auditoire choisi un appel confiant et spontané en faveur d'une souscription qui eût pour but l'agrandissement de notre chapelle.

Ce désir avait pris naissance dans votre cœur; votre zèle l'a fécondé, en le communiquant à d'autres cœurs, avec cet élan qui leur communiquait ce feu sacré dont brûle le vôtre pour le salut des âmes.

1

C'est un présage certain du succès qui devra répondre à votre vœu si bienveillant et à votre sollicitude toute évangélique.

Pour moi, ayant dû céder à vos instances réitérées de ménager ce succès, pour la gloire de Dieu et dans l'intérêt spirituel de nos frères, j'ai écrit les quelques pages de cet opuscule, dont l'hommage vous était dû.

J'ai désiré surtout faire ressortir une pensée, qui explique ce qui se passe depuis quelques années à la Visitation du Mans, sous les auspices de saint François de Sales : c'est que, dans cet Ordre, la charité qui prie, qui vient au secours des âmes, est la base fondamentale, le principe de vie, comme elle est son bonheur et sa joie.

Agréez, Monsieur l'Abbé, avec l'offrande de ce modeste travail, l'expression de la vive reconnaissance et du respectueux attachement avec lesquels je suis

Votre très-humble et dévoué serviteur,

T. BOULANGÉ.

SAINT
FRANÇOIS DE SALES
ET
LA VISITATION

Avec la patience et l'amour, le Christ sauva le monde... Mais il ne voulut pas, en quittant la terre, que ce doux, ce charitable ministère fût interrompu. Envoyant ses Apôtres, comme il avait été envoyé lui-même, il demanda d'eux qu'ils se fissent tout à tous ; qu'ils épousassent comme lui, dans une ineffable tendresse, toutes les misères qu'ils devaient soulager ; qu'ils ne fussent pas seulement *les amis* de Dieu, mais qu'ils se rendissent *aimables* aux hommes.

François de Sales comprit cette pensée du Sauveur; car sa foi, son amour pour Dieu n'étaient point cette foi, cet amour qui se suffisent et se concentrent au fond du cœur : flamme sans chaleur, voix sans écho, encens qui brûle sur l'autel sans parfumer le temple; non, c'était l'amour de charité, douce émanation de l'Éternel, pur reflet du Dieu qui se laisse sentir, s'il ne se laisse pas voir, du Dieu *Charité;* rosée céleste qui descend au sein d'un être choisi pour se répandre ensuite autour de lui, en actions et en paroles pleines d'onction et de dévouement.

De là cette vie toute semée des merveilleux exemples et des suaves leçons que savent donner les Saints au monde. Abnégation, douceur, support du prochain, désintéressement, tous les sentiments généreux, toutes les vertus publiques et privées, François de Sales les possédait, et n'en était que plus humble, parce qu'en les épanchant sur les hommes, il les rapportait néanmoins toutes à Dieu.

Outre l'amour céleste et la foi divine qui l'alimentaient, ce caractère si éminemment chrétien, cette philosophie si douce au dehors, était soutenue au dedans par une innocence de mœurs qui ne fut jamais violée, par un cœur sincère, n'ayant d'autre volonté que celle de son divin Maître.

Quand une âme prend un essor si pur, les hommes mêmes les plus enfoncés dans les soins matériels, sont attirés vers elle comme par un invincible charme. C'est un reproche, sans doute, adressé à la dissipation, c'est la condamnation du vice, qu'une vie toute dégagée des intérêts terrestres ; mais ce reproche a quelque chose de doux. On s'étonne d'abord qu'un de nos frères, un homme semblable à nous, soit si parfait ; mais cet étonnement, quoiqu'au fond il nous accuse, se change peu à peu en admiration, et surtout en attendrissement. Toutes les fibres de notre cœur sont doucement émues ; notre pensée, honteuse des vains et frivoles désirs dont elle se nourrit ordinairement, se reporte de la terre au ciel ; nos yeux se mouillent avec je ne sais quelle volupté intérieure et spirituelle qui l'emporte autant sur toutes les joies extérieures et sensibles, que la matière le cède à l'esprit ; nous pleurons, et nous tombons avec un vif enthousiasme aux pieds de ce type chrétien dont la divine perfection éclipse la magnificence des rois, la fortune des conquérants, toutes les œuvres du génie!

Cependant, ce qu'il y a réellement de plus admirable dans cette vertu, c'est son ignorance d'elle-même. Elle ne veut point qu'on l'admire, elle ne le conçoit même pas. *Je suis un serviteur inutile*, répète notre Saint. Telle est sa réponse au Duc de Savoie, quand il l'appelle à une magistrature élevée; au Pape, quand il lui propose la dignité de Cardinal; à Henri IV, lorsque ce grand roi, touché de ses vertus, fait effort pour le retenir en France; enfin, au Dieu qu'il a servi toute sa vie, lorsqu'il est prêt à lui remettre son âme.

François de Sales compte pour rien,

devant Dieu et devant les hommes, tout ce qu'il a fait d'héroïque pendant sa vie, sans jamais regarder en arrière, depuis son enfance jusqu'à sa mort. Ce n'est rien, dans l'âge des passions, d'avoir sacrifié à Dieu noblesse, fortune, beauté; ce n'est rien d'être né avec un tempérament vif, emporté, colère, et de l'avoir assoupli, dompté et vaincu au point d'acquérir cette douceur proverbiale que n'ont jamais pu altérer ni les calomnies, ni les injures, ni les adversités, ni les maladies; ce n'est rien d'avoir reconquis à la véritable Église du Christ des provinces entières, par des travaux assidus, des fatigues sans nombre, des dangers toujours renaissants; rien, de pouvoir vivre dans la pompe, et de marcher, le bâton à la main, comme les Apôtres, souffrant la soif et la faim, à travers la neige et la glace; rien, d'avoir refusé les offres des rois, converti les pécheurs, écrit pour l'instruction de ses frères des livres simples ou de savants traités. Tout cela n'est rien. Qu'est-ce donc, mon Dieu! qui est quelque chose pour vos Saints? Hélas! c'est de vous aimer; l'Apôtre nous l'enseigne dans ces paroles que vous lui avez insinuées : *Si je n'ai point la charité, je ne suis rien.* C'est cet amour qui fait vos élus; c'est lui qui a fait saint François de Sales.

Ainsi s'expliquent en effet les larges aumônes que répandait l'évêque de Genève dans le sein des pauvres; sa patience et sa douceur envers ceux mêmes qui refusaient ses bienfaits; son humilité et sa condescendance envers tous, envers les petits comme envers les grands, envers les savants et les ignorants, envers l'âge le plus tendre comme envers la vieillesse.

Cet amour de notre Saint alla toujours augmentant avec l'âge, témoignant ainsi de sa nature immortelle, et posant le signe qui le sépare des vaines et changeantes affections de la terre. Celles-ci s'affaiblissent tôt ou tard avec la chaleur du sang ; le froid égoïsme y pénètre peu à peu, comme le ver dans les racines de l'arbre ; elles tombent avant d'être mûres et ne portent point de fruits. Celui-là, au contraire, immortel comme son objet, s'accroît sans cesse en avançant, s'épure par la jouissance, et consume peu à peu tout ce qu'il y a de terrestre dans le cœur de l'homme.

Saint François de Sales en fut un exemple, et cette définition de l'amour divin est prise de ses actions et de ses écrits.

Quoi d'étonnant qu'un tel homme ait composé d'admirables ouvrages! Ce qu'il dit, il l'a fait; ses actions montraient sa pensée avant qu'il l'exprimât. Il a dans le trésor de son cœur des richesses inépuisables . leçons, conseils, prières, larmes. Il presse, il encourage, il touche; rien ne résiste à sa bonté ; toujours elle triomphe des obstacles que lui oppose la nature avec son cortége de misères, et la funeste influence du monde avec ses maximes perverses. Il est hors de doute, en effet, que quiconque lira les écrits de saint François de Sales avec attention, en deviendra meilleur.

S'il a dédaigné le travail littéraire, l'éloquence châtiée, la gloire mondaine,

Dieu a voulu, en revanche, que cette ardente charité dont il était embrasé suffît pour lui donner toutes les qualités de style qui font l'admiration des hommes : l'abondance et la force, la grâce et la variété, la naïveté et l'énergie.

Qui ne connaît le charmant livre de l'*Introduction à la vie dévote?* Nous voudrions l'analyser ici tout entier; mais nous comprenons que nous ne devons pas l'entreprendre. Nous nous bornerons à rappeler à quelle occasion cet ouvrage fut composé et mis au jour.

Henri IV avait remarqué qu'un livre manquait dans le monde ; il se plaignait du ton austère des prédications et des écrivains de son siècle. Ils ôtaient à la piété chrétienne son plus beau caractère, celui d'être douce et aimable; et puis aussi, le moyen de convertir les Calvinistes, alors en si grand nombre, n'était certes pas de leur présenter une route hérissée d'épines. Ces réflexions fort sages, le roi les fit communiquer à l'évêque de Genève. Saint François de Sales s'occupait alors de la direction d'une dame forcée de vivre au milieu des plaisirs et des fêtes du monde, et qui désirait y faire son salut. Il lui écrivait des lettres d'une bonté et d'une simplicité tout évangéliques. Il rassembla ces lettres, et ce fut ce recueil qu'il publia sous le titre d'*Introduction à la vie dévote*.

Puisque nous venons de parler de lettres de saint François de Sales adressées à une dame chrétienne, que dirons-nous de tant d'autres, écrites à des personnes mortes il y a deux siècles, et dans lesquelles, tous tant que nous sommes, quels que soient notre âge, notre condition, dans l'adversité comme dans le bonheur, nous trouvons précisément les conseils dont nous avons besoin, la consolation qui nous manque.

Dans ces lettres : Aux gens du monde, il donne des avis dictés par une profonde sagesse ; il leur fait goûter une religion dont les premiers abords paraissent sévères à des personnes habituées à toutes les aises de la vie et qui sont peu disposées à se contraindre ; il sait les éclairer avec prudence, en leur montrant la vérité sous un jour qui leur paraît aimable.

Aux savants, il découvre le fond de sa doctrine, de la justesse et de la pénétration de son esprit.

Avec les religieuses, il traite en

maître consommé les questions les plus difficiles de la vie spirituelle.

Dans toutes, on remarque sa sainteté, l'élévation et la noblesse de ses sentiments, la grâce de ses pensées, son zèle ardent pour la gloire de Dieu, pour étendre l'empire de Jésus-Christ dans tous les cœurs; sa piété angélique, sa conduite en même temps douce et forte, à l'égard des personnes dont il prenait la charge.

Saint Francois de Sales fut vraiment un homme supérieur dans cette direction des âmes. Il connaissait parfaitement toutes les ressources de nos passions; il leur avait surpris tous leurs secrets. Il savait quel vide elles creusent dans le cœur, après l'avoir rempli en apparence quelques instants; la langueur, les tristesses mortelles qui succèdent à leurs courtes joies; mais il tenait entre ses mains un remède pour toutes les souffrances qui naissent d'elles : le recours à Dieu, le dévouement à son service.

Un voyageur dont la route est longue, ralentit bientôt sa marche, s'il n'a pas ménagé ses forces; saint François de Sales regardait les enfants de Jésus-Christ comme des pèlerins exilés : ce n'était que par des degrés presque imperceptibles qu'il les faisait parvenir au plus haut sommet de la vertu.

Ce sexe qui depuis Marie a retrouvé sa dignité dans la réhabilitation chrétienne, et qui, à l'époque impie de l'apostat Luther, avait paru menacé d'une odieuse rétrogradation, était surtout l'objet de sa paternelle sollicitude. « L'Eglise lui a donné un nom bien doux, disait-il, elle l'a surnommé *dévot ;* veillons donc sur les âmes que Dieu a déclaré lui être choisies. »

Mais le cœur des femmes, bien plus que celui des hommes, est rempli de mystères. Saint François de Sales avait une adresse admirable à les pénétrer. Quand il leur traçait des règles de conduite, c'était toujours les seules qui leur convinssent. Dans ce printemps de l'âge où le monde cherche à s'emparer de leur penchant à aimer, il ne leur prescrivait point de l'étouffer, mais de lui donner le change : « Amusons l'ennemi, disait-il souvent, c'est un moyen plus facile d'en triompher que si on l'attaquait en bataille rangée. »

Quels sages ménagements de la fragilité humaine ! quelle ingénieuse condescendance !

Ajoutons, pour donner une idée plus complète de la direction de notre Saint, qu'il s'attachait surtout à combattre le découragement des âmes. Il savait les funestes ravages qu'occasionne cette cruelle maladie : elle ruine la piété, anéantit l'esprit de prière, étouffe la reconnaissance dans les cœurs, diminue les forces pour la lutte, énerve la volonté et ôte toute énergie; outre qu'elle semble ébranler la foi à la rédemption du Sauveur, à l'efficacité de ses mérites et de sa passion.

Et puis François de Sales formait les âmes qu'il dirigeait, à vaincre leur découragement non par des exercices difficiles, mais par une sainte habitude de confiance en Dieu. Quelles que fussent leurs angoisses, il leur rendait le calme et l'espérance; et les yeux desséchés par le chagrin se rouvraient aux plus douces larmes. Un baume délicieux coulait dans les cœurs avec les paroles du pieux évêque; il mettait le doigt sur la véritable source des plus secrètes douleurs, et la tarissait.

Mais ce grand Saint ne fut pas seulement l'Ananie, le Samaritain des âmes, il leur ouvrit encore de bienfaisantes hôtelleries, car, sous la divine influence de sa vertu favorite, la charité, il fonda diverses œuvres toutes propres à faire le bien, à éloigner la douleur.

Sans nous arrêter à plusieurs institutions qu'il créa pendant le cours de sa carrière apostolique, et dans lesquelles il répandit cet esprit de mansuétude qui le caractérise, voyons-le réalisant un Ordre religieux dans lequel il se proposa surtout que l'amour de Dieu fût allié à l'amour du prochain : nous voulons parler de la Visitation.

Comme le même sol n'est pas propre à toutes les plantes, ni le même air à tous les poumons, la vie du monde ne convient pas à toutes les organisations; la vie religieuse est donc indispensable à une partie de la grande famille humaine. Aussi le Christianisme s'est-il toujours honoré de l'état religieux avec ses obligations et ses vœux sacrés. Toujours il a tiré de la foule des âmes choisies pour les montrer au monde et lui apprendre de quel dévouement, de quelles vertus Dieu les a faites capables, quelle destinée il leur réserve dans l'Eglise.

Voilà ce qui recommande à notre vénération tant d'hommes généreux, tant de femmes fortes, tant de vierges pures qui se sont élevés à l'ombre des cloîtres et qui ont conservé intactes les traditions des vertus chrétiennes, telles qu'elles étaient écloses en quelque sorte sous l'enseignement divin. On les vit dès le commencement quitter le bruit de la grande Rome, pour le silence des monastères de Bethléem; le mont Palatin, pour les collines d'Hermon; les bords enchantés du Tibre, pour les rives du Cédron; et les superbes villas qui entouraient la reine des nations, pour les grottes du mont Carmel.

Et de nos jours, sans parler des hommes qui ont retrouvé le courage de renoncer aux diverses fonctions de la vie civile pour embrasser la vie monastique, pour entrer dans la grande et docte congrégation Bénédictine, pour revêtir le froc de l'humble fils de saint François d'Assise, pour prendre la blanche tunique du frère Dominicain; au sein des villes, dans le fond des campagnes et jusqu'aux extrémités des plages les plus lointaines, se rencontrent des femmes d'âges différents et de toutes les conditions, réunies en société sous l'étendard de la Croix.

Les unes apprennent aux pauvres à aimer, à servir Dieu; les autres enseignent aux filles des riches le savoir que leur naissance réclame, et leur montrent en même temps le chemin de la dignité, de l'honneur et de la vertu. Là, ces vierges pures nourrissent avec le pain de l'aumône qu'elles ont recueillie et qu'elles partagent, la vieillesse infirme qu'elles ont arrachée à la misère; s'enferment dans les hôpitaux pour y panser toutes les plaies, pour y servir les malheureux déshérités par la raison; dans les prisons, pour y donner des soins à ceux-là mêmes que la société repousse de son sein; ailleurs, elles font monter vers le ciel de suaves gémissements, de ferventes prières pour le bonheur des familles, pour la prospérité de la patrie, tandis que, dans un esprit d'expiation, elles unissent les austérités d'une vie pénitente aux mérites et aux souffrances de l'Homme-Dieu. Cet état de choses est le vrai principe de la vie sociale, car les sociétés sont comme les individus : elles ne se nourrissent pas seulement de pain, il leur faut encore, et surtout, de la foi, de l'espérance, de la charité ; il leur faut de grands exemples, de grands dévouements, de grands sacrifices; et ces actes héroïques ne se rencontrent d'une manière désintéressée, à un degré supérieur, que chez les âmes exceptionnelles qui renoncent à la fortune et à la gloire, à la joie et aux plaisirs.

Mais quelle place tient la Visitation dans cette hiérarchie des Ordres religieux? Quel est l'esprit de celui qu'a fondé saint François de Sales?

Homme de prière et d'action, l'évêque de Genève, en rêvant la création de ce pieux Institut, voulut y faire entrer deux éléments: l'élément actif et l'élément comtemplatif. Entièrement préoccupé des intérêts des âmes, pour mieux subvenir à tous les besoins des tempéraments faibles, s'accommoder aux forces et à l'âge, s'adapter aux attraits et aux conditions, il choisit dans le mystère même de la Visitation de Marie le symbole et la réalité d'une vie de famille tendant à devenir parfaite par la charité. Mais il est facile de voir que si l'illustre fondateur a su adoucir, autant qu'il était possible, l'austérité extérieure de la profession religieuse, il n'a pas pour cela perdu de vue le glaive de la mortification évangélique ; que s'il a épargné le corps, il a voulu en venir plus sûrement à l'immolation du cœur et de toute personnalité.

Visite, soulagement des pauvres et des malades ; recueillement et méditation au pied de l'autel, tel fut le but primitif du nouvel Ordre.

La Visitation exista six ans sous cette forme, qui nous paraît avoir été l'expression des besoins et des tendances du temps où elle commença, comme celle du caractère de son saint fondateur.

Lorsque plus tard elle en changea, la douceur de la charité, la patience, l'édification du prochain, la prière et l'esprit apostolique, la sainte résignation et la simplicité de vie, tel fut le programme qu'eurent à remplir les filles de saint François de Sales, sous la conduite de leur première mère, sainte Jeanne Françoise de Chantal.

On sait que Dieu avait fortement uni ces deux âmes. Isolées, leur existence eût perdu sa force, et nous eussions alors perdu le secret de leurs actions. Pour quiconque, en effet, a bien étudié le caractère de sainte de Chantal, il est à peu près certain qu'elle n'eût pas été ce que nous la voyons, sans l'influence de l'évêque de Genève. Donnez à cette femme si ferme il est vrai dans ses convictions et dans ses résolutions chrétiennes, mais aussi si délicate de conscience, si obéissante par nature, un directeur moins doux, moins prudent, et vous la verrez, succombant impuissante sous des efforts inutiles, s'égarer dans des mortifications exagérées, ne pas atteindre le but, ou le dépasser. D'autre part, enlevez-la à François de Sales, et vous n'aurez pas non plus la vraie intelligence de cet homme éminent. Qui sait, par exemple, si la pensée de la Visitation serait née dans son cœur, s'y serait développée, s'il en aurait pu jeter les fondements, sans Madame de Chantal?

La Visitation est donc née du concours de l'un et de l'autre; l'union qui distingue cet Ordre est donc le reflet de celle de ses deux fondateurs. Ajoutons que l'esprit de cette congrégation appartient tout entier à la direction qu'ils lui donnèrent, chacun dans la mesure de leurs facultés et des inspirations du Ciel. Saint François de Sales avait en vue de sanctifier toutes les existences du nouvel Ordre qu'il fondait, par l'amour, amour tel qu'il l'éprouvait, indulgent et fort, rempli de Dieu et de l'humanité. La sainte veuve, de son côté, par un pur motif de charité, formait un vœu tout émané de son cœur : celui de donner lieu, dans cette sublime vocation qui devait recueillir tant d'autres âmes, à une continuité de services réciproques et de désintéressement.

Sainte de Chantal fut la première pierre de ce bel édifice qu'élevait François de Sales. Mademoiselle Charlotte de Bréchard, d'une noble famille de France, et Mademoiselle Marie-Jacqueline

Favre, dont le père était président du sénat de Savoie, furent ses premières compagnes.

Avant de s'enfermer dans leur maison de retraite, ces trois âmes d'élite allèrent prendre congé de leur sage directeur, et lui demander sa bénédiction. Le saint évêque leur dit : « Vous êtes bien heureuses, vous que le Seigneur a sauvées ; ayez un grand et humble courage ; Dieu sera votre Dieu ; et, en sa divine force, vous serez victorieuses de vos ennemis. » Ensuite il mit entre les mains de Madame de Chantal un abrégé des constitutions de l'Ordre, écrit de sa main, et lui dit : « Suivez ce chemin, ma très-chère fille, et faites-le suivre à toutes celles que Dieu a destinées à marcher sur vos traces. » Puis, levant les yeux au ciel, il les bénit toutes « *au nom du Père tout-puissant, qui les attirait; au nom du Fils, l'éternelle sagesse, qui les régissait; et au nom du Saint-Esprit, qui les animait de ses amoureuses flammes.* »

Ainsi commença pour ces innocentes colombes la vie religieuse, nous pourrions dire l'heureuse vie de la Visitation, qui devait s'écouler, pour toutes celles qui l'embrassèrent à leur suite, dans la douceur et la simplicité, dans la plus parfaite union des cœurs.

Comme cette religion est belle, pure et naïve!

Nous nous demandions plus haut quel est l'esprit qui caractérise l'institution de saint François de Sales et de sainte de Chantal? Il se trouve exprimé d'une manière sensible dans le passage suivant, emprunté à un petit livre qui a pour titre : *l'Esprit intérieur de la Visitation.*

« Or, pour en venir à la fin pour laquelle cette Congrégation a été érigée, et par icelle comprendre plus aisément quel est l'esprit particulier de la Visitation, j'ai toujours jugé (c'est le saint fondateur qui parle) que c'était un esprit de profonde humilité envers Dieu, d'une grande douceur envers le prochain ; d'autant qu'ayant moins de rigueur pour le corps, il faut qu'il y ait tant plus de douceur de cœur. »

Quelle admirable compensation des austérités ! Quel détachement de soi-même, quelle vue intime de Dieu saint François de Sales préparait à de pauvres âmes que le monde aurait flétries ou qu'il aurait rejetées ! Mais laissons-le parler encore lui-même lorsque, comme son divin Maître, il pose pour base de cet Institut, la charité : « *C'est mon commandement que vous vous aimiez les uns les autres, comme je vous ai aimés.* Ce sont, mes chères filles, les propres paroles de Celui que vous avez pris pour votre parfait exemplaire, le Sauveur du monde; par lesquelles il vous convie de travailler pour acquérir la sainte dilection du prochain, le regardant comme le chef-d'œuvre de Dieu et sa vivante image. Celle qui le préviendra en douceur et service, sera la plus fidèle imitatrice de Jésus-Christ..... Cette charité vous doit faire aimer le prochain comme vous-mêmes, non d'un amour sensuel, naturel ou intéressé, mais d'un amour pur et invariable; car, lorsque l'affection que vous lui porterez trempera dans les sens, elle n'aura ni bonté ni beauté; mais lorsqu'elle sera fondée en Dieu, elle sera dans son juste prix; il la faudra laisser dilater et prendre racine dans vos cœurs le plus qu'il se pourra. »

On dira peut-être que les sœurs de la Visitation, sous l'influence de cet esprit de charité, avaient une belle mission à remplir, dans l'intention première de leur saint fondateur; et on pourrait être tenté de regretter qu'elles n'aient pas continué la visite et le service des malades, comme elles y étaient destinées. Mais nous croyons, nous, que cet Institut a été ainsi beaucoup plus utile à l'Église qu'il ne l'aurait été, peut-être, en se confondant avec celui des sœurs de la Charité, que saint Vincent de Paul devait établir quelques années plus tard. On substitua la réception des infirmes dans l'intérieur du couvent, au soin des malades à domicile. Or, nous rappellerons ici qu'au commencement du XVIIe siècle, l'Église n'avait vu éclore dans son sein que des Ordres dont les personnes faibles et infirmes étaient exclues, « et par là contraintes, dit saint François de Sales, de s'arrêter parmi le tracas ordinaire du monde ; en quoi, certes, ajoute-t-il, elles étaient dignes de grande compassion ; car, qui ne plaindrait une âme généreuse, laquelle désirant extrêmement de se retirer de la presse de ce siècle, pour vivre toute à Dieu, ne peut néanmoins le faire, faute d'avoir un corps assez fort, une complexion assez bonne, ou un âge assez vigoureux ? »

Heureuse retraite, donc, qui devait

être ouverte pour *des cœurs généreux*, *pour des esprits sains et robustes* , mais pour des corps affaiblis; et combien de personnes devaient en avoir besoin ! Combien se sont sanctifiées à l'abri de cet Institut, qui n'auraient pu avoir accès ailleurs !

Quant à la règle du nouvel Ordre , saint François de Sales voulut qu'elle fût proportionnée à la faiblesse de celles qui allaient y être soumises ; c'est pourquoi il choisit celle de saint Augustin, « qui console les pusillanimes, dit ce grand patriarche lui-même , reçoit et soulage les infirmes, est patiente envers toutes; » et le saint évêque de Genève ajoute qu'il en a retranché « tout ce qui pouvait empêcher les faibles et les infirmes de s'y ranger pour y vaquer à la perfection du divin amour. »

Le saint fondateur, suivant l'inclination et la douceur de son esprit, et connaissant combien certaines natures appréhendent une vie trop uniforme, s'est abaissé jusqu'à leur faiblesse avec une condescendance admirable, en partageant la journée en vingt-neuf exercices qui, se succédant sans interruption, renouvellent sans cesse l'attention et la ferveur, et captivent saintement et sans contention la vivacité de l'imagination et la légèreté du caractère.

La règle et les constitutions de la Visitation, sont une touchante révélation de la vertu, des saintes intentions, de l'humilité profonde, de la charité, de l'âme tout entière du saint évêque de Genève. Elles sont accommodantes! mais combien leur pratique ne demande-t-elle pas de générosité de cœur!

Les religieux trouvent un encouragement dans le résultat de leurs travaux; la science leur prodigue sa douceur et sa noble puissance. Instruments dociles de leur Maître, ils opèrent, entre ses mains, de grandes choses. S'ils entrent dans la lice, ils vont au combat, ils travaillent, ils évangélisent, ils prêchent, ils convertissent; mais alors l'action les porte sur ses ailes, et en essuyant la sueur de leur front, ils peuvent mesurer leurs conquêtes.

Il n'en est pas de même des religieuses, qui vivent ignorées dans leurs cloîtres. Leur dévouement a donc, il semble, quelque chose de plus désintéressé que celui des hommes. Elles reçoivent sans doute en grâces intimes ce qui leur manque de consolation et de soutien extérieur!

Quoi qu'il en soit, François de Sales voulut que ses filles, toutes cachées qu'elles seraient, contribuassent, selon les occasions, au progrès de la foi; il leur avait dit : « Dieu vous appelle à une entière abnégation et renoncement de vous-mêmes, afin que, sans différences des lieux, des nations, des provinces, vous serviez à la dilatation de sa gloire, purement et simplement, sans autre intérêt que celui de lui plaire. »

Mais il avait ajouté : « Si les considérations de votre faiblesse vous travaillent, tenez vos yeux élevés en Dieu, agrandissez votre courage, jetez dans ce sein d'amour infini toutes vos appréhensions; il n'emploie jamais les âmes aux choses grandes et difficiles, qu'il ne leur donne à chaque jour la science et l'assistance pour s'en acquitter à sa gloire, quand bien il devrait envoyer un ange pour les conduire. Ne craignez rien , mes filles, allez et entreprenez courageusement tout ce qui regarde le service de Dieu; il sera à votre droite, afin qu'aucune difficulté ne vous ébranle... »

Ces maximes sont pleines de sens; elles sont admirables et susceptibles de répandre une touchante odeur de sainteté. Partout, les religieuses de la Visitation, qui en sont imbues, ont fait preuve de cet élan apostolique que leur saint fondateur veut voir en elles, en témoignage de l'esprit de charité, qui doit faire leur caractère dominant. Toujours, à l'occasion, elles se sont employées avec un dévouement infatigable pour la réussite des œuvres qui pouvaient procurer la gloire de Dieu et le salut du prochain.

Que de fruits l'Église n'a-t-elle pas recueillis de ce dévouement? Direction des maisons de refuge, des hôpitaux; soin des orphelines; établissements de congrégations nouvelles, rien n'a été étranger à leur zèle. Toujours prêtes à servir les successeurs des Apôtres, qu'elles reconnaissent pour leurs premiers supérieurs, elles embrassent sous leur obéissance toutes les missions de charité qu'ils aiment à leur confier; et depuis sainte Jeanne-Françoise de Chantal jusqu'à nos jours, elles ont paru propres à tous les genres de bien que les circonstances réclamaient d'elles.

Nous aurions ici, si nous le voulions, des pages historiques à invoquer : les *Madeleines* de Paris, confiées aux religieuses de la Visitation, dont saint Vincent de Paul était le supérieur; les filles de Notre-Dame de Charité, autrement dites du *Bon-Pasteur*, préparées par elles à la conduite de ces âmes dégradées que le vénérable père Eudes se proposait de réhabiliter; etc., etc.

Si nous ne pouvons rappeler toutes les bonnes œuvres auxquelles les filles de saint François de Sales ont pris part, nous ne passerons pas sous silence la mission qu'elles remplirent, à la prière de Mme de Maintenon, dans le pensionnat royal de Saint-Cyr, fondé par Louis XIV. Elles gouvernèrent cette maison pendant une année entière. Après leur départ, Mme de Maintenon écrivait aux dames de Saint-Louis : « Ne vous amusez pas tant, mes chères filles, à regretter vos mères qu'à bien profiter de tout ce qu'elles ont dit et fait à Saint-Cyr. Je serai au comble de la joie si je vous vois remplies de l'esprit de ces chères filles du grand saint François de Sales ! Il n'y a rien de meilleur à vous désirer assurément ; le roi le dit encore plus fortement que moi. »

Les religieuses de la Visitation n'ont pas seulement formé à la vie régulière et aux vertus évangéliques, ces pieuses maîtresses d'une noble jeunesse, elles se sont elles-mêmes adonnées à l'œuvre importante de l'éducation. Dès l'an 1615, il y eut des pensionnaires au premier monastère de cet Ordre, à Annecy.

La coutume s'en est toujours maintenue dans l'Institut. En 1793 les jeunes filles de la plupart des Visitations n'en sortirent qu'avec les religieuses elles-mêmes; et dès qu'il fut permis à ces dernières de rentrer dans leurs cloîtres bénis, des élèves leur furent confiées presque en même temps.

Il est vrai, l'éducation qu'elles donnent est simple et modeste. Elles ont surtout soin de former les mœurs de l'âme. Elles savent que la vie sociale n'est pas seulement dans la distinction d'un esprit orné ou dans l'avantage d'un talent aimable. Elles entent d'abord la vertu sur la foi chrétienne ; elles s'attachent à former leurs jeunes élèves à une piété solide et douce tout à la fois, éclairée, sage, et associent les bienséances aux devoirs ; puis elles s'appliquent à donner une instruction qui, toute variée et étendue qu'elle est, ne produise pas dans les familles de tristes, de stériles dissonances. Nulle part on ne trouverait des soins plus tendres, une sollicitude plus maternelle, et en même temps plus d'attention à cultiver les heureux penchants de la nature, comme à corriger les vices du caractère.

Si plusieurs maisons de cet Ordre sont exclusivement consacrées aux exercices monastiques et à la pratique d'une charité réciproque, nous dirons à ceux qui seraient tentés de murmurer contre cette vie, inutile à leurs yeux : Ces saintes filles prient pour vous ; pardonnez-leur donc la solitude où elles se cachent, le silence dont elles s'entourent, les mortifications intérieures dont elles s'abreuvent chaque jour en votre faveur.

Mais le monde qui n'estime pas la prière, n'estime pas davantage cette vie cachée, cette humilité profonde, cette mort à soi-même qui est en honneur à la Visitation. C'est que le monde ne sait pas pénétrer les secrets et les merveilles de la vraie sainteté, tant elle est insolite et presque énigmatique pour lui.

On pensera, peut-être, qu'une pieuse sympathie nous fait illusion; mais il nous semble, à nous, qu'il y a dans cette abnégation de tous les jours et de tous les instants, dans ce renoncement à soi-même, dans cette union continuelle à Dieu, une haute et sublime perfection. C'est ainsi que les filles de saint François de Sales parviennent à bâtir au Dieu vivant, dans l'endroit le plus secret de leur cœur, un temple mille fois plus riche et plus beau que celui de Salomon ; là, par de saintes et suaves oraisons, elles s'abîment dans la contemplation des miséricordes du Seigneur, que leurs prières aident à faire rejaillir sur tous les hommes.

Malgré cette sorte de diversité, aucun Ordre religieux ne présente un exemple plus frappant de cordiale communication entre toutes les communautés qui s'y rattachent, que celui de la Visitation. Ce lien d'affection était si intime , si réel, du temps de sainte de Chantal, qu'elle en rendait elle-même ce témoignage : « Je ne sais pas et ne crois pas qu'il y ait aucune sorte de religieuses qui aient une plus entière conformité que je l'ai vue entre nos monastères , ni qui aient une plus suave et parfaite union que celle que Dieu y a répandue, ni une plus grande douceur et confiance que celles qui reluisent en notre communication, ni un plus prompt et charitable secours que celui que nous nous rendons en nos besoins. »

Cette belle union et l'uniformité la plus parfaite des règles, des usages, des vêtements, et aussi d'une bienveillance aimable, s'est conservée dans près de deux cents maisons de la Visitation, jusqu'à nos jours. Les nouveaux apôtres qui vont évangéliser les idolâtres rapportent avec admiration qu'on retrouve les religieuses de cet Institut partout les mêmes ; et que celles qu'ils rencontrent au mont Liban ou dans le Nouveau-Monde, ne diffèrent en rien de celles qu'ils ont vues en Savoie, en Italie, en Espagne, en Angleterre et dans notre patrie.

Tige sacrée, l'institution de saint François de Sales et de sainte de Chantal a poussé de profondes racines ; elle est devenue un grand arbre, et des générations de vierges, comme de jeunes moissonneuses fatiguées avant l'heure de midi, sont venues se reposer à son ombre !

Toutefois, la prospérité de cet Ordre n'a jamais altéré l'esprit de simplicité que saint François de Sales et sainte de Chantal ont légué à leurs filles. Les oraisons, les pratiques pieuses, les occupations innocentes, les chants sacrés et les récréations accompagnées d'une joie pure, qui se partagent leur vie, tous leurs exercices, en un mot, servent à les maintenir dans cet aimable esprit de simplicité ; elles n'ont rien en apparence de la discipline monastique, elles n'en sont pas moins les épouses de Jésus-Christ ; car le saint évêque de

Genève a dit en parlant de ces vertueuses sœurs: « Ce sont des holocaustes vivants, des hosties et de précieuses victimes d'un sacrifice perpétuel, qui s'offrent à Dieu sur l'autel du Calvaire, pour servir sans intermission Jésus-Christ crucifié, leur unique époux; elles participent à l'esprit de sa croix; elles entrent dans les saintes dispositions de son martyre pour apprendre à se crucifier à tous moments; elles renoncent à tous les mouvements de leur cœur, si ce n'est à celui qui les porte à l'aimer; elles n'emploient leurs langues que pour lui donner des louanges; elles ne font aucun usage de leurs pensées, que pour l'adorer et admirer ses grandeurs.... Leur esprit n'agit que pour apprendre à entrer dans les pratiques de ces belles vertus d'indifférence, de tranquillité, d'égalité d'esprit, d'obéissance, de pauvreté et de charité qui sont comprises dans la grande leçon qui se fait au Calvaire. »

Ici, comme on le voit, rien n'est donné à l'éclat extérieur de la vertu; mais il ne se peut rien ajouter à l'humilité, au pur amour et à la charité que le saint fondateur voulait inspirer à ses pieuses filles. Cependant il confirme encore l'abnégation et la simplicité de cœur qu'il en exige, par un avis admirable qu'il laisse comme tomber en passant : « Elles parleront toujours très-humblement de leur petite Congrégation et préfèreront toutes les autres à icelle (quant à l'honneur et estime); et néanmoins la préfèreront aussi à toute autre (quant à l'amour), témoignant volontiers, quand il se présentera l'occasion, combien agréablement elles vivent en cette vocation. »

Aimable Congrégation, pieux Institut, Ordre vénérable de la Visitation Sainte-Marie, combien vous devez être cher à l'Église !

« Au milieu de tant de scandales qui s'élèvent de toutes parts dans le monde, ma joie, ma consolation est de penser à votre société si nombreuse, à l'amour si pur qui vous unit, à l'effusion abondante de la grâce de Dieu dans vos âmes. C'est à la vue de ces biens qui sont en vous et que Dieu vous a donnés, que mon cœur prend quelque repos, au milieu des tempêtes dont il est agité par les maux que je vois ailleurs.... » Ainsi parlait le grand saint Augustin aux religieuses du monastère fondé par ses soins à Hippone, berceau de toutes les communautés d'Augustines. Saint François de Sales aurait pu tenir le même langage à ses chères filles d'Annecy, berceau de l'Institut qu'il venait de fonder. Et, de nos jours, quel Pontife refuserait de s'associer à ces sentiments ?

Nous ne saurions terminer ce coup d'œil rapide jeté sur l'Ordre de la Visitation, sans parler du privilége qu'il a eu d'avoir été choisi pour proclamer et étendre dans l'Église la dévotion envers le sacré Cœur de Jésus. « Cette dévotion, disait la vénérable sœur Marguerite-Marie, qui reçut à cette occasion tant de faveurs singulières, est comme un bel arbre qui veut prendre racine au milieu de notre Institut, pour étendre ses branches dans toutes les maisons qui le composent, afin que chacune en puisse cueillir les fruits à son gré, selon son goût, quoique avec inégalité. La portion de chacune sera mesurée à son travaïl..... Mais le divin Cœur veut que les filles de la Visitation distribuent les fruits de cet arbre sacré à tous ceux qui en désirent, sans crainte qu'ils leur manquent. »

C'est sans doute à cette dévotion, chèrement cultivée, que l'Institut de saint François de Sales doit le précieux avantage de s'être toujours conservé dans sa ferveur primitive. Il n'a jamais eu besoin de réforme, parce qu'il ne s'est jamais relâché. Pendant les jours mauvais de la fin du dernier siècle, il subit le sort commun à tous les Ordres religieux; mais il eut la gloire de s'éclipser sans que la pureté de sa lumière en fût altérée;

et tel encore il reparut sur l'horizon, lorsque des jours plus heureux vinrent briller pour l'Église.

Tel puisse-t-il apparaître aux siècles à venir, jusqu'aux générations les plus reculées!.... Et pourquoi ne le dirions-nous pas? Puissent les membres de ce pieux Institut croître en nombre et se multiplier toujours, pour l'imitation et la succession de tant de vertus de charité, d'abnégation, d'humble et douce simplicité, de dévouement et d'amour de Dieu! saintes vertus qui protégent le monde!... La vocation religieuse, d'ailleurs, vocation qui comme nous l'avons vu plus haut, dans l'homme et chez la femme, est souvent un besoin personnel, a toujours fait et fera toujours le fond d'un grand intérêt social.

ASSOCIATION

fondée en l'honneur de saint François de Sales.

Le plus simple aperçu de la vie de saint François de Sales, de ses vertus, de sa doctrine et de ses institutions, fait comprendre que la charité était sa vertu par excellence, comme il semble bien que c'était sa mission d'en haut. Qui a porté, en effet, cet aimable Saint à vouloir dès sa jeunesse se consacrer au service des autels et à fouler aux pieds tous les avantages, toutes les considérations humaines? Nous pouvons le dire avec assurance : La charité. Qui a enflammé dans son cœur ce désir ardent du salut des âmes, et ce zèle si sage et si prudent pour l'opérer ? La charité. Qui lui a donné la force de vaincre tous les obstacles et de triompher en même temps de l'hérésie, de l'impiété ou de l'indévotion de son époque ? La charité. Qui lui a enseigné cette douceur, cette patience persévérante envers tous, cette condescendance pour les plus grands pécheurs, ce désintéressement pour ses semblables, dont il a donné tant de preuves pendant sa vie ? La charité..... Oui, la charité, voilà le principe et la fin de toutes les pensées, de toutes les actions du saint évêque de Genève, comme c'est le secret de cette admirable Congrégation qui reproduit et conserve au milieu de nous son esprit. A l'exemple de son divin Maître, François de Sales a fait entendre pendant tout le cours de sa carrière cette douce et consolante parole : *Venez à moi, vous tous qui souffrez, et je vous soulagerai ;* vous qui êtes faibles, et je prendrai soin de vos âmes ; vous qui pleurez, et j'essuierai vos larmes.

Qui ne voudrait imiter une si belle vie ? qui ne voudrait employer tout son être, toutes ses facultés, par l'inspiration de la charité ? Oh ! cette vertu sublime, s'élevant au besoin jusqu'à l'héroïsme, jusqu'aux plus généreux sacrifices, jusqu'au martyre lui-même, quelles suaves jouissances elle procure ! quels délicieux souvenirs elle laisse au fond des cœurs ! quelle ineffable consolation on recueille à chaque portion de son existence qu'on lui consacre ! Les plaisirs du monde, ses fêtes brillantes, ses festins somptueux, ses riches livrées, qui n'apportent aucun repos à l'âme, tout cela approche-t-il du bonheur, de la joie pure et calme que l'on goûte quand on a visité, consolé un malheureux, un affligé; quand on a soulagé un pauvre, quand on a porté des paroles de paix et d'amour à des hommes qui se désespéraient; en un mot, quand on a passé en faisant le bien?... Heureux donc les vrais disciples de Jésus-Christ, qui, comme François de Sales, ont compris son appel, ses leçons, ses exemples! Il y en aura toujours dans la sainte Église de Dieu, comme il y en a eu dès le premier âge de l'ère chrétienne; ce qui veut dire qu'il y aura toujours des Saints qui nous montreront la voie du Ciel.

En outre, nombre d'associations,

destinées à continuer la mission du Sauveur des hommes et de ses Élus, se sont formées, de tous temps, sous la divine influence de la charité. Par elles, cette vertu se rend plus riche et plus puissante, plus forte et plus soutenue. Témoin, de nos jours, l'association presque universelle des Conférences de saint Vincent de Paul, et tant d'autres qui l'ont précédée ou imitée. Si nous ne pouvons toutes les nommer ici, nous ne devons pas omettre de parler de celle qui se rattache particulièrement au nom et à l'esprit de saint François de Sales. Établie dans les maisons de l'Ordre qu'il a fondé, elle a pour but d'unir par les liens d'une fraternité vraiment chrétienne, et par ses précieux avantages, tous ceux qui y prennent part, en même temps qu'elle leur trace de saints devoirs à pratiquer. On peut en juger par un extrait de ses statuts :

« Le principal but qu'on s'est proposé dans cette institution étant la plus grande gloire de Dieu, par l'accroissement de la dévotion envers saint François de Sales et par l'imitation de ses vertus, les associés devront y tendre de toutes leurs forces, en mettant en pratique ses pieux enseignements ; et comme la tendre charité envers le prochain fut toujours son caractère particulier, elle devra aussi être le leur.

« Les associés se livreront, à son exemple, à toutes les œuvres de miséricorde qu'il exerça constamment pendant sa vie. Ils sont exhortés à la visite des malades et des pauvres.; et ils doivent, à l'occasion, se donner mutuellement les marques d'une charité vraiment chrétienne. »

La charité fait donc l'âme de cette association, qui a porté ses fruits au milieu de nous. En effet, depuis qu'elle est établie au monastère de la Visitation de notre ville, tous ses membres, et les religieuses surtout qui en font partie, ont travaillé à étendre la dévotion de saint François de Sales ; tous ont entrepris d'un commun accord de faire partager à leurs amis les avantages et les biens spirituels qu'ils y ont puisés. C'est ainsi que, depuis quelques années, la fête de saint François de Sales est précédée de sermons et de conférences suivis par une société d'élite, qui s'est comme enrôlée sous l'aimable bannière du saint évêque de Genève. Réunis à rangs pressés dans la pieuse chapelle du monastère, il semble que tous se disent, dans l'esprit de leur saint patron : Aimons-nous les uns les autres ; prions les uns pour les autres ; faisons du bien autant que nous le pourrons ; ne demandons point à ce monde et à ses vanités un bonheur qu'il n'a pas ; cherchons-le dans la religion et dans la pratique des vertus chrétiennes. Et de là, pour plusieurs, le renouvellement de leur piété ; pour quelques-uns, le désaveu de leur indifférence pratique ; pour quelques autres, peut-être, la résurrection de leur foi.

Mais on n'avait jamais vu encore un empressement aussi marqué que cette année. A en juger par ce concours sympathique, on ne peut mettre en doute la généreuse disposition des esprits, à l'égard de la neuvaine qui précède la fête de saint François de Sales, et des religieux enseignements qu'on vient y recevoir.

On sait que depuis le 26 janvier jusqu'au 5 février, M. l'abbé Pintaud, curé de Cognac, a réuni autour de la chaire de vérité un auditoire de plus de cinq cents dames, et le même nombre d'hommes, presque tous distingués par leur position, écoutant avec avidité, et dans le plus profond recueillement, son éloquente parole.

Tous les points qu'il a touchés en faveur de ces derniers, ont été traités d'une manière qui devait rendre facile désormais la soumission à la foi, et, comme conséquence, la pratique chrétienne.

Il a conclu, sous l'inspiration de

saint François de Sales, sans doute, en montrant que l'amour de Dieu répond à tous les instincts, à toutes les sympathies du cœur, à son immense besoin de gratitude ; qu'il remplit l'âme par sa réalité, son actualité, sa permanence ; et qu'enfin il satisfait son intelligence, en lui révélant la bonté, la beauté par essence, l'immortalité.

Les conférences adressées aux dames ont eu un tout autre caractère. M. l'abbé Pintaud a développé en leur faveur des sujets capables de les prémunir contre les dangers du monde, et de rendre doux et consolants les devoirs de la femme chrétienne.

Mais en finissant cette pieuse station, ce prêtre zélé, encouragé par les succès que la Grâce divine avait accordés à son ministère, et par une sorte d'émanation de charité qui remplissait l'enceinte où il parlait, s'est adressé à son auditoire pour le presser de se mettre en communauté d'efforts avec les religieuses du monastère, afin d'agrandir une chapelle trop restreinte, eu égard à l'affluence qui croissait chaque jour et qu'elle ne pouvait plus contenir. On doit même se rappeler l'engagement que prit l'orateur de venir y prêcher de nouveau la neuvaine de saint François de Sales.

Nous savons que cet appel a été entendu; et nous ne pouvons douter que si les cœurs saintement empressés pour tout ce qui a trait au progrès religieux, ont béni avec amour le Seigneur, de tant de grâces répandues dans le sanctuaire de la Visitation, ils seront également zélés pour la réalisation de l'œuvre qui leur a été proposée. C'est ici encore un acte de charité, parce que tout acte de foi est essentiellement un acte de charité. La charité ne s'exerce pas seulement sur les pauvres; elle rayonne en tous sens; elle pénètre de tous côtés; elle monte vers Dieu; elle redescend vers les hommes pour les exciter au bien et surtout pour les attacher plus solidement aux croyances de la sainte Église catholique.

Depuis que M. l'abbé Pintaud a publiquement annoncé le projet dont nous venons de parler, nous ne pouvions garder le silence; il nous tardait de nous mettre en rapport avec les personnes de bonne volonté qui sont venues offrir leur généreux concours aux filles de saint François de Sales; il nous tardait aussi d'établir des relations avec tous ceux qui peuvent être disposés à entrer dans les vues du sympathique prédicateur et à seconder ses désirs.

Il est vrai qu'assez de bonnes œuvres, et qui peuvent avoir droit de priorité sur la nôtre, sollicitent un public inépuisable dans sa générosité; mais il est vrai aussi que les religieuses de la Visitation seraient dans l'impossibilité de conduire à bonne fin cette entreprise, si on ne leur venait en aide; elles le regretteraient sincèrement, à cause de l'heureux résultat qui semble y être attaché; elles seraient néanmoins obligées de se récuser, malgré tout le zèle plein de charité que leur inspire l'esprit de leur vocation et de leur fondateur. La Providence, elles le savent, ne leur demandera compte que du bien qu'elle leur aura donné elle-même le moyen d'accomplir.

Arrêtons-nous : toute autre réflexion serait inutile, et nous est d'ailleurs naturellement interdite. Qu'il nous suffise de rappeler ici que travailler en commun pour la gloire de Dieu et le salut du prochain, c'est réaliser cette unité en Dieu que le divin Sauveur du monde a demandée pour ses disciples et dont il a voulu que la vigne fût le symbole. A l'imitation des branches verdoyantes du cep mystérieux, qui s'entrelacent les unes aux autres, enlaçons-nous aussi pour compléter une œuvre que Dieu a semblé bénir, depuis plusieurs années déjà. Prêtres, religieuses et laïques, offrons à ses regards satisfaits le spectacle d'une touchante et aimable unité !

Qu'il nous soit permis, en finissant, d'être l'interprète des religieuses de la Visitation, en promettant leurs prières, les mérites de tous leurs actes de vertus, de leurs communions, de leurs saints offices, à ceux qui contribueront au succès de la sainte entreprise. Or, Dieu exauce toujours ceux qu'il aime, et la reconnaissance des âmes pieuses porte bonheur !

Nous établissons et nous faisons connaître ci-contre les bases de la souscription recommandée à l'auditoire de la *neuvaine de saint François de Sales*, dans le but d'agrandir la chapelle trop restreinte ; nous y ajoutons les avantages qui sont offerts aux personnes qui voudront bien y prendre part.

SOUSCRIPTION

proposée par le prédicateur de la neuvaine de saint François de Sales (1854), en faveur de l'agrandissement de la chapelle de la Visitation.

1° Il serait à propos que les souscriptions, qui sont laissées au zèle et à la générosité de chacun, ne descendissent pas au-dessous de 10 francs, vu le nombre restreint des personnes qui doivent y prendre part; mais cette somme pourrait être acquittée en deux fois, cest-à-dire par le versement de 5 francs cette année (1854), et de 5 francs l'année suivante (1855).

Les dons plus considérables qui seraient faits en dehors de la souscription, et à l'intention néanmoins de l'agrandissement de la chapelle, donneraient droit au titre de *bienfaiteur* et aux priviléges spirituels et perpétuels qui sont attachés à ce titre.

2° Les personnes qui voudront bien contribuer à cette souscription sont priées d'en donner avis au plus tôt, soit à la Mère Supérieure du Monastère, soit à l'Aumônier, afin qu'on puisse être en mesure de faire commencer les travaux immédiatement.

3° Toutes auront droit désormais à des places réservées dans la chapelle de la Visitation, pour le temps de la neuvaine de saint François de Sales.

4° Pendant une année, à partir de Pâques prochain, chaque semaine, le samedi, la messe de communauté sera dite pour les souscripteurs, et les litanies de la Sainte Vierge seront chantées à leur intention tous les dimanches, au salut des religieuses.

5° Les offrandes qui n'atteindraient pas le chiffre de la souscription, seront reçues avec reconnaissance, et donneront droit aux avantages spirituels ci-dessus.

6° Les membres d'une même famille qui reculeraient devant une souscription personnelle, pourraient se réunir pour en former une collective (*la souscription désignée au n° 1*), et, dans ce cas, outre les avantages spirituels, *une* place réservée serait attribuée à l'un ou à l'autre de ces membres.

NOTA. La neuvaine de saint François de Sales étant spécialement l'œuvre de l'association érigée, sous ce nom, dans la chapelle qu'il s'agit d'agrandir, nous osons compter sur le zèle des personnes qui en font partie, pour procurer, s'il leur est possible, quelques souscriptions.

www.ingramcontent.com/pod-product-compliance
Ingram Content Group UK Ltd.
Pitfield, Milton Keynes, MK11 3LW, UK
UKHW020342250726
13967UKWH00005B/2086

9 782013 042352